cocina**fácil**internacional

Arroces

cereales y legumbres

cocina**fácil**internacional

Arroces

cereales y legumbres

CONTENIDO

Clave de símbolos

Las recetas de este libro están acompañadas por símbolos que indican información importante.

 Informa el número de comensales para los que está pensada la receta, o la cantidad.

 Indica el tiempo necesario para preparar y cocinar un plato. Junto a este símbolo se indica si es necesario tiempo adicional para operaciones como marinar, reposar, dejar que suba una masa o enfriar. Deberá leer la receta para saber exactamente cuánto tiempo más se necesita.

 Avisa lo que hay que hacer antes de comenzar a cocinar la receta, o partes de la misma que requieran un tiempo prolongado.

 Indica la necesidad de utensilios especiales. Siempre que sea posible, se ofrecen alternativas.

 Introduce información sobre congelación.

Técnicas

Cocer arroz por absorción

Lave y enjuague el arroz antes de cocinar.

1 Ponga el arroz con agua en una olla. Cuando hierva, baje el fuego y déjelo 10–12 min, hasta que absorba todo el líquido, destapado. Retire del fuego. Cubra con una tapa y un trapo limpio doblado entre ambos.

2 Deje cocer el arroz al vapor durante 20 min, sin quitar la tapa. Quite el trapo y cúbralo con la tapa. Déjelo reposar unos 5 min, muévalo con un tenedor para que se airee y sírvalo.

Risotto básico

El mejor *risotto* se hace con un caldo sabroso, y removiendo constantemente.

1 Derrita mantequilla con aceite en una cacerola, añada cebolla. Una vez blanda, eche el arroz y revuelva. Vierta vino y revuelva. Agregue caldo hirviendo con un cucharón y revuelva hasta que se absorba.

2 Siga añadiendo cucharones de caldo y revolviendo cada vez por 25 min o hasta que el arroz esté tierno, pero no aguado. Añada un poco más de mantequilla y parmesano. Sazone a su gusto con sal y pimienta.

Hacer polenta cremosa y a la plancha

La polenta es uno de los alimentos básicos y más versátiles de la cocina italiana.

Polenta cremosa

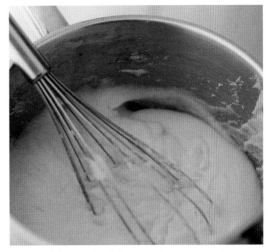

1 Ponga a hervir agua con sal en una olla grande. Vierta lentamente la polenta en lluvia, revolviendo constantemente para que no se formen grumos.

2 Baje el fuego al mínimo y deje que se cocine durante 40–45 min, o hasta que se salga de la cacerola, revolviendo de vez en cuando. Añada mantequilla y queso parmesano, y sazone al gusto.

Polenta a la plancha

1 Haga una polenta cremosa sin queso ni mantequilla. Cuando espese, pásela a una bandeja aceitada y repártala con una espátula mojada. Espere a que se endurezca.

2 Cuando esté lista, sáquela de la bandeja y córtela en la forma y el tamaño que desee. Unte los trozos con aceite de oliva y áselos a la plancha 3–5 min por cada lado.

Pilaf de pollo y garbanzos

Este plato único con arroz es sabroso y fácil de hacer

INGREDIENTES

una pizca de azafrán
2 cdas. de aceite vegetal
6 muslos de pollo sin piel ni huesos,
    cortados en trozos pequeños
2 cdtas. de cilantro molido
1 cdta. de comino molido
1 cebolla blanca en rodajas
1 pimiento rojo sin semillas y picado
2 dientes de ajo pelados y triturados
225 g de arroz de grano largo
750 ml de caldo de pescado caliente
2 hojas de laurel
400 g de garbanzos cocidos o de lata, lavados y escurridos
60 g de pasas sultanas*
60 g de almendras en láminas o piñones tostados
3 cdas. de hojas de perejil picadas

PREPARACIÓN

1 Deshaga las hebras del azafrán en un bol pequeño, añada 2 cdas. de agua hirviendo y deje reposar al menos 10 min.

2 Mientras tanto, caliente la mitad del aceite en una olla grande, agregue el pollo, el cilantro y el comino, y fría a fuego medio 3 min, revolviendo con frecuencia. Retire de la olla y reserve. Baje el fuego y añada el resto del aceite, la cebolla, el pimiento rojo y el ajo. Fríalos 5 min o hasta que se ablanden.

3 Agregue el arroz, revuelva e incorpore de nuevo el pollo. Añada $3/4$ partes del caldo, el laurel y el azafrán con el agua del remojo, y lleve a ebullición. Cocine a fuego lento 15 min o hasta que el arroz esté casi hecho, añadiendo caldo si hace falta. Agregue los garbanzos y las pasas, revuelva y siga cocinando hasta que el arroz esté tierno. Páselo a una bandeja caliente y sírvalo antes de que se enfríe, espolvoreado con los frutos secos y el perejil.

---

*   Use pasas rubias o morenas como alternativa a las pasas sultanas.

Para 4

Prep. 20 min
• cocinar 35 min

Ensalada de lentejas con limón y almendras

Las lentejas de Puy ganan en frescura al mezclarse con los aromas del cilantro y el limón

INGREDIENTES

400 g de lentejas verdes de Puy*
2 limones en conserva lavados
 y cortados en dados pequeños
2 cdas. de cilantro picado
2 cebollas largas en rodajas finas
3 cdas. de vinagre de vino tinto
100 ml de aceite de oliva extra virgen
sal y pimienta negra recién molida
4 cdas. de almendras tostadas en láminas

PREPARACIÓN

1 Ponga a hervir las lentejas en una olla grande con agua y sal. Cuando hiervan, baje el fuego y cocine 15–20 min o hasta que estén tiernas. Escúrralas, lávelas rápidamente con agua fría y vuelva a escurrirlas.

2 Ponga las lentejas en un bol grande, añada los limones cortados en dados, el cilantro picado y la mitad de las cebollas. Revuelva. Bata el vinagre de vino con el aceite, salpimiente al gusto y agréguelo a las lentejas, revolviendo.

3 Tape la ensalada y déjela en reposo 20 min para que se concentren los sabores.

4 Mezcle las almendras con la cebolla restante y las hojas de cilantro. Luego, espárzalas sobre la ensalada y revuelva ligeramente antes de servir.

---

* Use como lentejas verdes clásicas como alternativa a las lentejas verdes de Puy.

Para 4

Prep. 10 min,
más reposo
• cocinar 15–20 min

Paella marinera

La paella tiene muchas variantes regionales. Esta versión es una sabrosa mezcla de mariscos

INGREDIENTES

1,2 l de caldo de pescado caliente
hebras de azafrán
2 cdas. de aceite de oliva
1 cebolla blanca bien picada
2 dientes de ajo picados
2 tomates grandes sin piel y en dados
12 langostinos pelados
225 g de calamares cortados en anillos
400 g de arroz para paella
85 g de arvejas
4 cigalas
12–16 mejillones limpios
1 cda. de perejil picado para decorar

PREPARACIÓN

1 Vierta un poco del caldo de pescado en un bol, añada el azafrán y reserve para que coja sabor. Caliente aceite en una paellera o sartén grande, y sofría la cebolla y el ajo hasta que se ablanden. Añada los tomates, rehóguelos 2 min, y luego los langostinos y los calamares. Fría 1–2 min, o hasta que los langostinos adquieran un color rosado.

2 Agregue el arroz, revuelva y añada el líquido del azafrán, las arvejas y 900 ml de caldo. Revuelva. Cocine sin tapar 12–14 min o hasta que el caldo se haya consumido y el arroz esté tierno. No revuelva. Si hace falta, añada más caldo.

3 Mientras tanto, cocine las cigalas en 150 ml de caldo hirviendo durante 3–4 min o hasta que estén cocidas. Retírelas con una espumadera y páselas a un plato caliente. Añada al caldo los mejillones, tape y cocine a fuego alto 2–3 min, o hasta que se abran. Retírelos de la olla con una espumadera y deseche los que no estén abiertos.

4 Reserve 8 mejillones enteros para decorar. Saque la concha del resto, agréguelos al arroz y revuelva. Decore el arroz con las cigalas y los mejillones apartados, y añada el perejil.

Para 4

Prep. 10 min
• cocinar 30 min

Golpee los
mejillones
abiertos y deseche
los que no se
cierren

Hoppin' John

Un plato tradicional del sur de Estados Unidos

INGREDIENTES

1 codillo de cerdo ahumado de 1,1 kg
1 ramito compuesto de apio, tomillo y 1 hoja de laurel
2 cebollas blancas grandes picadas
1 ají rojo seco picado (opcional)
1 cda. de aceite de girasol o de maní
200 g de arroz de grano largo
800 g de frijoles cocidos, lavados y escurridos
sal y pimienta negra recién molida
salsa de ají picante para servir

PREPARACIÓN

1 Coloque el codillo en una olla, cubra con agua fría y póngalo a fuego alto. Lleve a ebullición poco a poco y retire la grasa de la superficie si hace falta. Reduzca el fuego al mínimo y añada el ramito compuesto, la mitad de las cebollas y el ají, si lo usa. Luego vuelva a tapar la olla y deje hervir a fuego alto 2 h 30 min–3 h o hasta que la carne esté muy tierna cuando la pinche con un cuchillo.

2 Ponga un colador sobre un bol grande refractario y cuele el caldo. Resérvelo y deje el codillo aparte para que se enfríe.

3 Caliente el aceite en la cazuela a fuego medio. Añada la cebolla restante y rehóguela 5 min o hasta que se ablande pero sin tomar color. Revuelva de vez en cuando. Agregue el arroz y siga revolviendo.

4 Mezcle 450 ml del caldo reservado y los frijoles. Salpimiente al gusto. Lleve a ebullición, baje el fuego al mínimo, tape bien la cazuela y cocine 20 min sin levantar la tapa.

5 Mientras tanto, deshuese la carne y córtela en trozos gruesos.

6 Retire la cazuela del fuego y deje reposar 5 min, sin levantar la tapa. Agregue el codillo con un tenedor y revuelva. Sirva con la salsa de ají picante.

Para 4

Prep. 12 min
• cocinar 3–3 h 30 min

Cazuela resistente
al fuego con tapa
hermética

15

Cuscús real

Este plato marroquí, rico en especias, es un festín de colores

INGREDIENTES

2 cdas. de aceite de oliva
600 g de pierna de cordero sin grasa cortada en trozos
6 muslos de pollo
1 cebolla roja en rodajas
2 dientes de ajo muy picados
1 pimiento rojo sin semillas y picado
1 berenjena en dados
4 cdtas. de *harissa*
1 cda. de páprika
1 cdta. de cúrcuma molida
2 calabacines en rodajas
200 ml de caldo de pollo
400 g de garbanzos cocidos escurridos
400 g de tomates picados
175 g de *merguez* cocido
   o chorizo en rodajas gruesas
sal y pimienta negra recién molida
1 rama grande de tomillo fresco
1 hoja de laurel
450 g de cuscús, cocido según
   las instrucciones del paquete
cilantro picado para decorar

PREPARACIÓN

1 Caliente aceite en la cazuela y dore el cordero y el pollo, en tandas, dándoles la vuelta de vez en cuando. Retírelos de la cazuela y déjelos escurrir en papel de cocina.

2 Añada la cebolla, el ajo, el pimiento y la berenjena, y fría 3–4 min, revolviendo. Agregue la *harissa*, la páprika y la cúrcuma, y cocine 1 min más.

3 Agregue el cordero y el pollo, los calabacines, el caldo, los garbanzos, los tomates y el *merguez*, y salpimiente al gusto. Lleve a ebullición, añada el tomillo y el laurel, baje el fuego, tape bien y cocine a fuego lento 1 h o hasta que la carne esté blanda.

4 Cuele el caldo, viértalo en una olla grande y llévelo a ebullición. Deje que se consuma un poco.

5 Agregue la carne y los vegetales al cuscús cocido. Vierta el caldo reservado por encima y espolvoree con cilantro picado.

Para 6

Prep. 10 min
• cocinar
1 h 20 min

Cazuela grande,
resistente al fuego

Congelar
hasta un mes

Risotto de champiñones

Use un arroz de grano corto, del tipo *arborio* o *carnaroli*, para asegurarse de que el *risotto* tenga una consistencia cremosa

INGREDIENTES

4 cdas. de aceite de girasol
1 cebolla blanca picada
400 g de arroz *arborio* o *carnaroli*
1,5 l de caldo de vegetales o agua hirviendo
60 g de mantequilla en dados
450 g de champiñones laminados
45 g de parmesano rallado más un poco para servir

PREPARACIÓN

1 Caliente el aceite en una olla grande a fuego medio. Añada la cebolla y sofría, revolviendo, durante 5 min o hasta que se dore. Agregue el arroz y revuelva durante 2 min. Luego, añada 120 ml de caldo y siga revolviendo hasta que el caldo se consuma. Incorpore el caldo despacio, de cucharón en cucharón, revolviendo constantemente hasta que se consuma antes de añadir más. Cocine 20 min o hasta que el arroz esté blando, pero no demasiado.

2 Mientras tanto, derrita la mantequilla en una sartén a fuego medio. Añada los champiñones y fría, revolviendo a menudo, 10 min, o hasta que se doren y el caldo se consuma.

3 Agregue los champiñones al arroz y apague el fuego. Añada el queso, revuelva y deje reposar 5 min con la tapa puesta. Sirva en boles calientes con virutas de parmesano.

Para 6

Prep. 10 min
• cocinar 40 min

Tabulé de quinoa

Una vez cocida, la quinoa adquiere un sabor a nuez crujiente y cremosa en este saludable plato

INGREDIENTES

200 g de quinoa
$\frac{1}{2}$ cdta. de sal
jugo de 1 limón grande
250 ml de aceite de oliva
1 pepino grande pelado, sin semillas y picado
1 cebolla roja grande picada
45 g de perejil picado
45 g de menta picada
115 g de queso feta desmenuzado
100 g de aceitunas de Kalamata* sin hueso o similar
sal y pimienta negra recién molida

PREPARACIÓN

1 Lave bien la quinoa en un colador de malla. Escúrrala y póngala en una olla, y revuelva constantemente hasta que los granos se separen y empiecen a dorarse.

2 Añada 600 ml de agua con sal y lleve a ebullición. Revuelva. Baje el fuego y cocine 15 min o hasta que se consuma el agua. Pase la quinoa a un bol y déjela enfriar.

3 Mezcle el jugo de limón y 1 cda. de aceite en un bol pequeño y bata. Reserve.

4 Ponga el aceite restante, el pepino, la cebolla, el perejil y la menta en otro bol más grande. Agregue la quinoa, el aliño de limón y aceite, y mezcle. Espolvoree con queso feta y aceitunas. Salpimiente al gusto.

---

* Use aceitunas moradas como alternativa a las aceitunas Kalamata.

Para 4

Prep. 10 min
• cocinar 20 min

Kasha con verduras

Este cereal integral, sano y delicioso, se prepara de manera similar
al *risotto* y es ideal como plato único vegetariano

INGREDIENTES

2 cdas. de aceite de oliva
1 cebolla blanca bien picada
1 zanahoria bien picada
1 diente de ajo bien picado
2 champiñones en láminas
1 tallo de apio bien picado
550 g de *kasha** (trigo sarraceno tostado)
120 ml de vino blanco seco
1,2 l de caldo de vegetales o agua caliente
1 remolacha cocida o asada
2 cdas. de perejil picado
60 g de queso de cabra desmenuzado

PREPARACIÓN

1 Caliente el aceite en una olla grande. Añada la cebolla, la zanahoria, el ajo, los champiñones
y el apio, y saltee 8–10 min, revolviendo con frecuencia, hasta que se doren. Agregue el *kasha* y
saltee otros 2–3 min, revolviendo. Añada el vino y no deje de revolver hasta que se consuma.

2 Añada poco a poco el caldo de vegetales caliente, 120 ml cada vez, revuelva y espere a que se
consuma antes de agregar más. Cocine unos 20 min o hasta que el *kasha* esté tierno.

3 Mezcle con la remolacha picada y retire del fuego. Sirva con perejil y queso de cabra.

---

*   Use trigo clásico como alternativa al *kasha*.

Para 4

Prep. 10 min
• cocinar 40 min

Kedgeree

Este plato de *brunch* anglo-indio suele hacerse con abadejo ahumado, pero aquí también lleva salmón para añadirle color, textura y sabor

INGREDIENTES

300 g de abadejo o bacalao ahumado
300 g de filetes de salmón
200 g de arroz *basmati*
una pizca de azafrán en hebra
60 g de mantequilla
4 huevos duros
sal y pimienta negra recién molida
2 cdas. de perejil picado más un poco para decorar
1 limón cortado en cuartos

PREPARACIÓN

1 Ponga los pescados en una sartén grande, en una sola capa. Cúbralos con agua y, cuando rompa a hervir, deje que se cocinen a fuego lento 5 min y escúrralos.

2 Mientras tanto, hierva el arroz en agua con sal y unas hebras de azafrán durante 10–12 min, o lo que indiquen las instrucciones del paquete. Cuando el arroz esté listo, escúrralo, añada la mantequilla y revuelva.

3 Desmenuce el pescado en pedazos grandes y agréguelo al arroz. Deseche la piel y las espinas.

4 Separe las yemas de los huevos y resérvelas. Pique las claras, añádalas al arroz y revuelva. Añada el perejil y salpimiente al gusto.

5 Reparta el arroz en platos calientes, esparza las yemas picadas reservadas por encima y espolvoree con más perejil picado. Sirva decorado con trozos de limón.

Para 4

Prep. 20 min
• cocinar 20 min

Jambalaya

Este plato único aúna los auténticos sabores criollos y cajún de Luisiana

INGREDIENTES

60 g de grasa de carne asada
  o 4 cdas. de aceite de girasol
4 muslos de pollo sin piel ni huesos
  cortados en trozos pequeños
225 g de salchichas variadas de ajo picantes
  (y ahumadas, si lo desea), cortadas en
  rodajas gruesas
1 cebolla blanca bien picada
2 dientes de ajo bien picados
1 pimiento rojo sin semillas y picado muy fino
1 pimiento verde sin semillas y picado muy fino
1 tallo de apio picado
1 chile habanero sin semillas y picado
  (deje las semillas si le gusta muy picante)
350 g de arroz de grano largo

1 cdta. de pimienta de Cayena en polvo
1 cdta. de salsa inglesa
2 cdas. de puré de tomate
2 hojas de laurel
2 cdtas. de tomillo seco
1 cdta. de sal
½ cdta. de páprika ahumada
una pizca de azúcar
pimienta negra recién molida
400 g de tomates de lata picados
600 ml de caldo de vegetales
  o de pollo, o agua
12 langostinos crudos grandes pelados
  sin cabeza ni cola y desnervados
salsa de pimientos picante para servir

PREPARACIÓN

1 Derrita la mitad de la grasa en la cacerola a fuego alto. Añada el pollo y fría, revolviendo de vez en cuando, durante 10 min o hasta que se dore y la salsa se consuma. Retírelo con una espumadera y reserve sobre papel de cocina.

2 Añada la grasa restante a la cazuela y caliente. Agregue las salchichas, excepto las ahumadas (si las usa) y fríalas, revolviendo de vez en cuando, durante 5 min o hasta que se doren. Retire con la espumadera y resérvelas junto con el pollo.

3 Añada la cebolla, al ajo, los pimientos, el apio y el chile a la cazuela, y fría 5 min o hasta que se ablanden. Revuelva con frecuencia. Incorpore el arroz y la pimienta de Cayena, y cocine 1–2 min. Revuelva, agregue la salsa inglesa y el puré de tomate, y cocine 1 min más sin dejar de revolver.

4 Vuelva a poner el pollo en la cazuela junto con las salchichas, el laurel, el tomillo, la sal, la páprika y el azúcar. Salpimiente al gusto. Agregue los tomates con su jugo y el caldo, y lleve a ebullición, revolviendo. Baje el fuego al mínimo, tape y cocine a fuego lento 12–15 min o hasta que los pimientos estén tiernos.

5 Añada los langostinos y cuézalo todo a fuego lento, tapado, unos 3–5 min o hasta que el marisco adquiera un color rosado. El arroz debe quedar blando y caldoso. Páselo a una bandeja y sírvalo con la salsa de pimientos picantes.

Para 4–6

Prep. 30 min
• cocinar 45 min

Cazuela grande
resistente al fuego

Pilaf con especias

Un arroz aromático y versátil que se puede servir caliente o frío

INGREDIENTES

2 cdtas. de aceite de girasol
1 cdta. de semillas de mostaza negra
15 g de mantequilla
1 cebolla blanca pequeña bien picada
1 cdta. de bayas de cardamomo
1 cdta. de cilantro molido
225 g de arroz *basmati*
600 ml de caldo de vegetales o de pollo, o agua
1 cda. de hojas de cilantro picadas

PREPARACIÓN

1 Caliente el aceite en una olla grande a fuego medio. Añada las semillas de mostaza
y fríalas 1 min. Sacuda la olla para que salten.

2 Añada la mantequilla y la cebolla, y fría 5 min, o hasta que la cebolla se dore. Revuelva de
forma constante. Agregue el cardamomo, el cilantro y el arroz, y rehóguelos 1 min, revolviendo.

3 Agregue el caldo, llévelo a ebullición, tape y cocine a fuego lento 10–12 min, o hasta que el
arroz esté tierno y haya absorbido el caldo.

4 Páselo a una bandeja caliente y sírvalo antes de que se enfríe, espolvoreado con cilantro.

Para 4

Prep. 5 min
• cocinar 20 min

Biryani con cardamomo y canela

Un plato aromático de arroz de India y Pakistán

INGREDIENTES

1 cda. de aceite vegetal
1 cebolla blanca bien picada
sal y pimienta negra recién molida
6 bayas de cardamomo verde,
    ligeramente machacadas
2 hojas de laurel secas
1 astilla de canela, partida en dos
1 cdta. de granos de pimienta negra,
    ligeramente machacados
$\frac{1}{2}$–1 cdta. de ají en polvo
unas hebras de azafrán
450 ml de caldo de vegetales caliente
450 g de arroz *basmati*
50 g de almendras fileteadas
1 puñado de pasas

PREPARACIÓN

1 Caliente el aceite a fuego bajo en una sartén grande de bordes altos. Cocine la cebolla con una pizca de sal unos 5 min, hasta que quede tierna y transparente. Añada el cardamomo, las hojas de laurel, la canela, los granos de pimienta y el ají en polvo, y deje al fuego otros 5 min hasta que desprenda aroma.

2 Incorpore el azafrán al caldo caliente y revuelva. Mezcle el arroz con la cebolla hasta que los granos queden bien recubiertos, y añada el caldo. Suba el fuego hasta que hierva. Redúzcalo entonces un poco, cúbralo y déjelo de 15 a 20 min, revolviendo de vez en cuando para que el arroz no se compacte. Vierta agua caliente si fuera necesario.

3 Tueste ligeramente las almendras en una sartén antiadherente pequeña a fuego reducido un par de minutos, hasta que adquieran un color dorado (procurando no quemarlas). Mezcle las almendras y las pasas con el *biryani*, pruebe y salpimiente al gusto. Sírvalo caliente como plato único, o para acompañar pollo o langostinos.

Para 4

Prep. 15 min
• cocinar 30 min

Pilaf de kasha

Una apetitosa guarnición para platos de Oriente Medio

INGREDIENTES

2 cdas. de mantequilla
1 cebolla blanca grande picada
2 tallos de apio en rodajas
1 huevo grande
200 g de *kasha** grueso
   (trigo sarraceno tostado) o entero
1 cdta. de salvia molida
1 cdta. de tomillo molido
115 g de pasas
115 g de nueces trituradas
sal

PREPARACIÓN

1 En una sartén grande, derrita la mantequilla y sofría la cebolla y el apio 3 min o hasta que empiecen a ablandarse.

2 En un bol pequeño, mezcle el huevo con el *kasha* y luego vierta la mezcla en la sartén. Cocine sin dejar de revolver 1 min o hasta que los granos se sequen y se separen.
Añada 500 ml de agua, la salvia y el tomillo. Lleve a ebullición y luego baje el fuego, tape y cocine a fuego lento 10–12 min.

3 Añada las pasas y las nueces. Revuelva. Cocine el *pilaf* otros 4–5 min o hasta que el *kasha* esté blando y se haya consumido todo el caldo. Sale al gusto.

---

* Use trigo clásico como alternativa al *kasha*.

Para 4–6

Prep. 5 min
• cocinar 25 min

Arroz frito con huevo

Este popular plato chino es una manera excelente de aprovechar el arroz blanco sobrante

INGREDIENTES

1 cda. de aceite de girasol o de maní
1 cebolla blanca en dados
1 pimiento rojo o verde sin semillas y picado
500–675 g de arroz cocido frío
2 huevos batidos
2 cdas. de salsa de soya

PREPARACIÓN

1 Ponga a fuego alto un *wok* o una sartén grande hasta que esté muy caliente. Agregue aceite y repártalo bien. Añada la cebolla y el pimiento, y sofríalos 3–5 min o hasta que se ablanden sin dorarse.

2 Agregue el arroz y revuelva hasta que se mezcle bien con los vegetales. Aparte el arroz del centro de la sartén, vierta allí los huevos y revuelva hasta que cuajen.

3 Una vez los huevos estén revueltos, mezcle bien todos los ingredientes, añada la salsa de soya y sirva enseguida.

Para 4–6

Prep. 5 min
• cocinar 10 min

Cocine el arroz y
enfríelo enseguida
o congélelo hasta
que vaya a usarlo

Ternera con cebada al estilo criollo

La cocina criolla es una fusión de influencias francesas, españolas, indias y africanas entre otras, rica en sabores intensos y picantes

INGREDIENTES

1,1 kg de pescuezo de ternera, cortado en trozos pequeños
1 cda. de harina
sal y pimienta negra recién molida
3 cdas. de aceite de oliva
2 cebollas blancas, muy picadas
6 ramas de apio sin hojas, bien picadas
3 pimientos verdes sin semillas y bien picados
2 cdas. de vino tinto
2 cdtas. de pimienta de Cayena
2 cdtas. de cilantro molido
2 cdtas. de comino molido
250 g de cebada perlada
1,2 litros de caldo de vegetales caliente
1 manojo de perejil picado

PREPARACIÓN

1 Precaliente el horno a 150 °C (gas 2). Enharine y salpimiente bien la carne. Caliente 2 cdas. de aceite en una sartén de hierro o cazuela y añada la carne. Cocínela a fuego medio, revolviendo a menudo, durante 8 min, o hasta que quede ligeramente dorada. Retire con una espumadera y reserve.

2 Caliente el aceite restante en la sartén o cazuela, y cocine a fuego bajo la cebolla, el apio y los pimientos durante 10 min, hasta que estén totalmente tiernos. Añada el vino y suba el fuego para que hierva un par de minutos y se evapore el alcohol.

3 Incorpore las especias y salpimiente bien. Ponga de nuevo la carne en la sartén o cazuel y añada la cebada perlada. Vierta el caldo, llévelo a ebullición, tápelo y póngalo en el horno 2 h. Revuelva a media cocción y añada un poco de agua caliente si se empezara a secar.
Mezcle con el perejil y sirva.

Para 8

Prep. 30 min
• cocinar 2 h

Sartén de hierro o
cazuela resistente
al horno

Arroz al limón

Una excelente guarnición del sur de India

INGREDIENTES

3 cdas. de aceite vegetal

1 cdta. de semillas de mostaza amarilla

6 bayas verdes de cardamomo abiertas

10 hojas de *curry** frescas o secas

2 ajíes rojos abiertos a lo largo

½ cdta. de cúrcuma

1 cm de jengibre fresco, pelado y muy picado

1 diente de ajo triturado

3 cdas. de jugo de limón

300 g de arroz *basmati*, cocido según las
   instrucciones del paquete

60 g de marañones un poco tostados

2 cdas. de hojas de cilantro picadas

PREPARACIÓN

1 Caliente aceite en una sartén, añada los 7 ingredientes siguientes y fría a fuego medio, revolviendo 2 min o hasta que se aromatice.

2 Agregue el jugo de limón y cocine 1 min. Añada el arroz, mézclelo bien con las especias y cocine hasta que esté listo.

3 Páselo a una bandeja grande, y esparza sobre él los anacardos y el cilantro picado. Sirva inmediatamente.

---

*   Use hierbabuena, albahaca *thai* o *curry* en polvo como alternativa a las hojas de *curry*.

Para 4

Prep. 10 min
• cocinar 15 min

Polenta

En el norte de Italia, estas «gachas» (papillas) de harina de maíz se sirven como guarnición con la carne

INGREDIENTES

1,4 l de caldo de vegetales o de pollo
350 g de polenta de cocción rápida
30 g de mantequilla
75 g de queso parmesano rallado
   más un poco para servir
pimienta negra recién molida

PREPARACIÓN

1 En una olla grande, caliente el caldo hasta que esté a punto de hervir.

2 Añada poco a poco la polenta, revolviendo constantemente, hasta que espese sin dejar de estar cremosa. Agregue más agua o caldo si ve que es necesario.

3 Agregue la mantequilla y el queso parmesano, y sazone al gusto con pimienta negra. Esparza un poco más de parmesano y sirva enseguida.

Para 4

Prep. 10 min
• cocinar 10 min

42

Lentejas con chorizo

Este popular plato español debe su suculento sabor al chorizo, dulce o picante, el tocino y la páprika

INGREDIENTES

500 g de lentejas remojadas y escurridas
2 hojas de laurel
85 g de chorizo dulce o picante en rodajas
2 cdas. de aceite de oliva
2 dientes de ajo en láminas
1 rebanada pequeña de pan
sal
1 cebolla blanca bien picada
75 g de tocino entreverado
   o tocineta cortada en dados
1 cda. de harina
1 cdta. de páprika dulce
90 ml de caldo de vegetales

PREPARACIÓN

1 Ponga las lentejas en una olla grande con 1 l de agua, el laurel y el chorizo. Cuando hiervan, cocínelas a fuego lento 35–40 min o hasta que estén tiernas.

2 Mientras tanto, caliente 1 cda. de aceite en una sartén a fuego medio-bajo. Fría el ajo, revolviendo, durante 30 s o hasta que se ablande pero sin llegar a dorarse. Retírelo de la sartén.

3 Añada el pan a la sartén y fríalo a fuego medio hasta que se dore ligeramente por ambos lados. Póngalo en un procesador de alimentos junto con el ajo y sale al gusto. Procese hasta conseguir migas gruesas.

4 Cuando las lentejas estén cocidas, añada la pasta de pan y mezcle.

5 Vierta el aceite restante en la sartén junto con la cebolla y el tocino. Rehóguelos 3–4 min, o hasta que la cebolla se ablande y el tocino esté cocido. Añada la harina y la páprika dulce, cocine 1 min revolviendo e incorpore el caldo. Lleve a ebullición y deje hervir 2 min. A continuación, mezcle con las lentejas y revuelva.

6 Si hace falta, agregue un poco más de caldo o de agua para que las lentejas no se sequen mientras se calientan. Sírvalas en una bandeja honda calentada previamente.

Para 4

Prep. 15 min
• cocinar 1 h

Procesador

Polenta con porcini

Los champiñones secos aportan riqueza y profundidad de sabor a la sutilidad de la polenta

INGREDIENTES

15 g de porcini secos
4 cdas. de aceite de oliva
1 diente de ajo picado
450 g de champiñones limpios en láminas
sal y pimienta negra recién molida
175 g de polenta de cocción rápida
un poco de tomillo

PREPARACIÓN

1 Ponga los porcini en un bol refractario, cúbralos con agua hirviendo y déjelos en remojo 20 min. Forre un colador con un trozo de muselina o papel de cocina, colóquelo encima de un bol y escúrralos. Lávelos y reserve junto con el líquido colado.

2 Mientras tanto, caliente aceite en una olla grande a fuego medio. Añada el ajo y fríalo, revolviendo, unos 2–3 min, o hasta que se dore. Agregue los champiñones laminados, revuelva y salpimiente al gusto. Agregue los porcini junto con el líquido colado y cocínelos, sin dejar de revolver, durante 3 min o hasta que adquieran un ligero color marrón y el líquido casi se haya evaporado.

3 Lleve a ebullición 1,75 l de agua con un poco de sal en una olla grande. Vierta la polenta poco a poco, en forma de lluvia y sin dejar de revolver. Siga revolviendo hasta que la polenta esté tierna y el líquido se haya consumido. Salpimiente.

4 Reparta la polenta entre 4 boles y haga un hueco en el centro. Rellene con los champiñones y sirva inmediatamente, adornado con tomillo.

Para 4

Prep. 5 min,
más remojo
• cocinar 20 min

Gachas de arroz

Conocido en Asia como arroz *congee* o *jook*, este plato se toma para desayunar en China cuando hace frío

INGREDIENTES

6 champiñones chinos secos
2 cdas. de aceite vegetal
1 cm de jengibre fresco, pelado y rallado
1 diente de ajo muy picado
1 zanahoria cortada en julianas
$\frac{1}{2}$ cdta. de hojuelas de ají seco
200 g de arroz de grano largo
900 ml de caldo de pollo
2 pechugas de pollo sin piel ni huesos,
   cortadas en trozos pequeños
4 cebollas largas picadas
2 cdas. de salsa de soya suave
pimienta negra recién molida
2 cdas. de cilantro picado

PREPARACIÓN

1 Ponga los champiñones chinos en un bol y cúbralos con agua hirviendo. Déjelos en remojo 20 min. Escúrralos, reservando el agua, y luego trocéelos con unas tijeras de cocina en pedacitos pequeños.

2 Caliente el aceite en un *wok* o en una sartén grande y añada el jengibre, el ajo, la zanahoria y el ají. Sofríalos durante 5 min, agregue el arroz y el caldo, y revuelva. Aparte 150 ml del agua de remojo y cuélela encima del *wok* o la sartén.

3 Lleve a ebullición y cocine 20 min. Añada el pollo y deje el *wok* en el fuego 30 min más, o hasta que el arroz se haya deshecho y tenga la consistencia de una papilla. Agregue las cebollas y la salsa de soya, y revuelva. Sazone al gusto con pimienta negra. Sírvalo caliente, espolvoreado con cilantro picado.

Para 4

Prep. 20 min, más reposo • cocinar 1 h

48

Arroz tailandés al coco

Los tradicionales sabores del coco y las hojas de lima *kaffir* se mezclan con arroz para crear esta popular guarnición asiática

INGREDIENTES

10 g de cilantro
2 cdas. de aceite de oliva
25 g de mantequilla
1 ají rojo picado
2 cebollas chalote bien picadas
75 g de pasta de *curry* rojo tailandés
ralladura de 1 lima
400 g de arroz jazmín tailandés
1 cdta. de sal
400 ml de leche de coco
un puñado de hojas de lima *kaffir**
2 cebollas largas en rodajas finas

PREPARACIÓN

1 Arranque las hojas de los tallos del cilantro, trocéelos bien y resérvelos.

2 Caliente el aceite y la mantequilla a fuego lento en una sartén grande y tapada. Añada el ají y las cebollas chalote. Fríalas, revolviendo, durante 5 min o hasta que empiecen a dorarse. Agregue la pasta de *curry* y revuelva unos 30 s.

3 Añada la ralladura de lima, los tallos de cilantro, el arroz y 1 cdta. de sal, y mezcle bien hasta que los granos de arroz se impregnen de pasta de *curry*. Agregue la leche de coco y 400 ml de agua, y revuelva bien. Lleve a ebullición a fuego medio, revolviendo de vez en cuando para que el arroz no se pegue. Agregue las hojas de lima y cocine a fuego lento 5 min, destapado.

4 Revuelva bien el arroz, tape y deje que se cocine a fuego lento 15 min o hasta que esté tierno. Si el caldo se ha consumido y aún no está blando, añada más agua. Cuando esté listo para servir, agregue las cebollas largas y espolvoree el arroz con el cilantro reservado.

---

*   Use albahaca *thai* como alternativa a las hojas de lima *kaffir*.

Para 4–6

Prep. 25 min
• cocinar 40 min

Arroz con frijoles

Los frijoles utilizados en este típico plato antillano se llaman *gungo peas* en Jamaica y *pigeon peas* en Trinidad

INGREDIENTES

400 g de frijoles de carita o *gungo** de lata,
  lavados y escurridos
400 ml de leche de coco
1 cebolla blanca grande muy picada
1 pimiento verde sin semillas y picado
sal y pimienta negra recién molida
125 g de arroz de grano largo
pimienta de Cayena en polvo para decorar

PREPARACIÓN

1 Ponga los frijoles, la leche de coco, la cebolla y el pimiento verde en una olla. Salpimiente al gusto y hierva a fuego lento 5 min.

2 Agregue el arroz, tape y cocínelo 35 min o hasta que esté tierno, revolviendo. Sirva el plato espolvoreado con pimienta de Cayena en polvo.

---

*   Use frijol castilla como alternativa a los frijoles de carita o *gungo*.

Para 4

Prep. 10 min
• cocinar 45 min

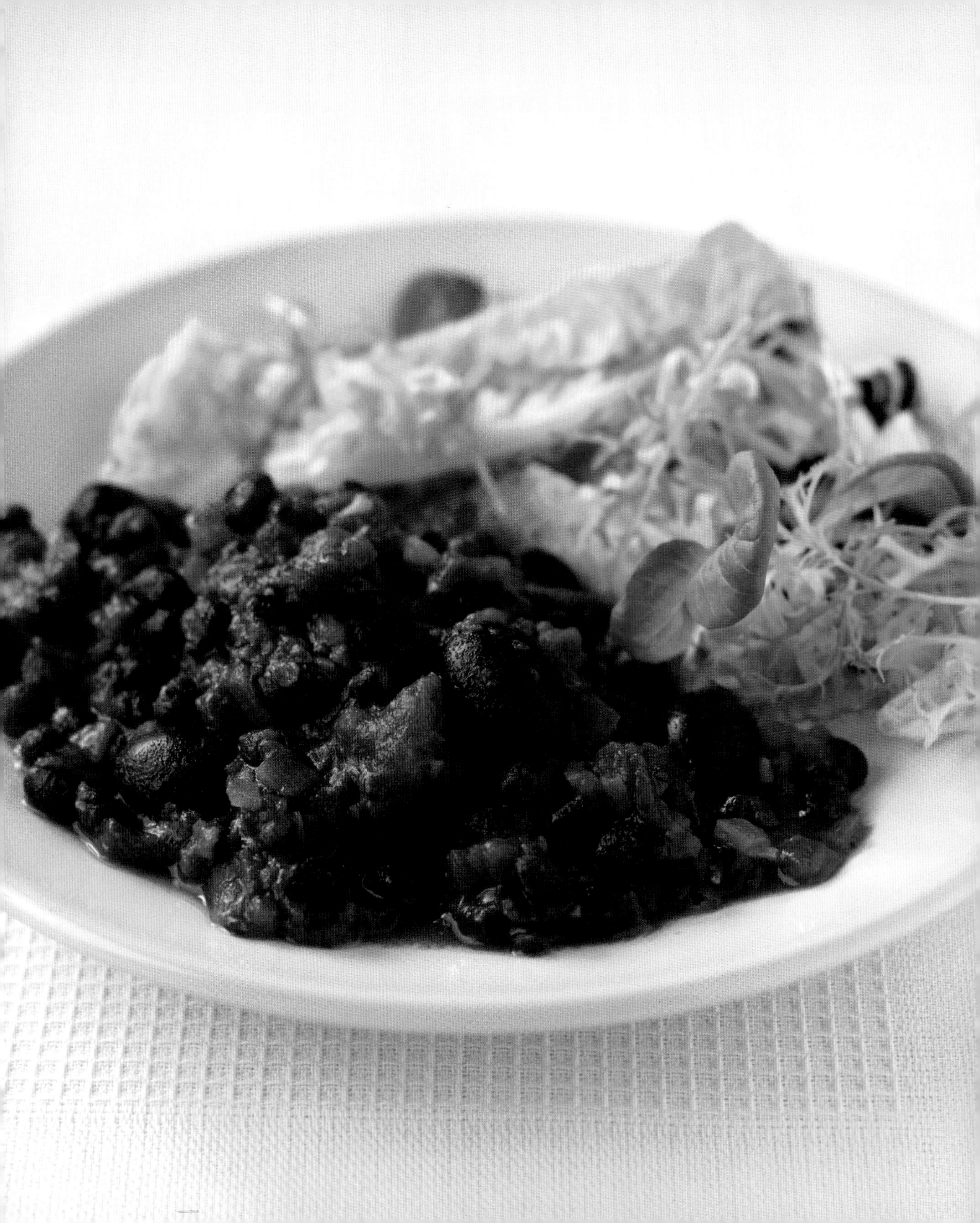

Guiso de frijoles aduki

Los frijoles *aduki*, de sabor dulce y a frutos secos, dan cuerpo y textura a este guiso

INGREDIENTES

1 cda. de aceite de oliva
1 cebolla blanca bien picada
sal
2 dientes de ajo machacados o bien picados
$1/2$–1 cdta. de pimienta de Cayena
400 g de frijoles *aduki** de lata, escurridos y lavados
400 g de tomates pera de lata picados
500 ml de caldo de vegetales caliente
unas 12 aceitunas negras, sin hueso

PREPARACIÓN

1 Caliente el aceite de oliva en una cacerola a fuego bajo. Cocine la cebolla con una pizca de sal a fuego bajo durante 5 min, hasta que esté tierna y transparente. Sazone con ajo y pimienta de Cayena al gusto. Revuelva.

2 Incorpore los frijoles *aduki* y el tomate con su jugo, y a continuación el caldo. Lleve a ebullición y luego baje a fuego lento.

3 Hágalo durante 15–20 min; añada las aceitunas cuando falten 5 min de cocción. Si se seca el guiso, vierta un poco de agua caliente. Sirva acompañado de una ensalada, papas blancas pequeñas o arroz.

---

*   Use frijoles rojos como alternativa a los frijoles *aduki*.

Para 4

Prep. 10 min
• cocinar 30 min

Congelar hasta
tres meses

Cordero con garbanzos, pimiento verde y cuscús

Un plato rotundo de sabores de Marruecos

INGREDIENTES

1 cda. de aceite de oliva
1 cebolla blanca, bien picada
2 dientes de ajo machacados o bien picados
900 g de cordero magro, en trozos pequeños
1 cdta. de canela molida
1 cdta. de páprika
sal y pimienta negra recién molida
2–3 pimientos verdes, sin semillas y en trozos
400 g de garbanzos cocidos, escurridos y lavados
900 ml de caldo de vegetales caliente
175 g de cuscús
50 g de piñones tostados
1 manojo de perejil, muy picado

PREPARACIÓN

1 Caliente el aceite de oliva en una cacerola grande a fuego bajo. Sofría la cebolla unos 5 min hasta que esté tierna. Añada el ajo, el cordero, la canela y la páprika. Salpimiente.

2 Incorpore los pimientos y los garbanzos. Revuelva de vez en cuando hasta que la carne se dore por todos los lados. Vierta 600 ml del caldo caliente, cubra la cacerola y deje a fuego suave 20 min. Añada un poco de agua caliente si se empezara a secar.

3 Mientras tanto, prepare el cuscús en un bol, añadiendo solo el caldo suficiente para cubrirlo. Deje reposar unos 5 min y luego desgrane con un tenedor. Salpimiente generosamente.

4 Para servir, adorne el guiso de cordero con el perejil y los piñones, y sírvalo inmediatamente con cuscús.

Para 4

Prep. 10 min
• cocinar 30 min

Cuscús con piñones y almendras

Una deliciosa alternativa al arroz. Sírvalo caliente como guarnición o frío en ensalada

INGREDIENTES

175 g de cuscús
agua hirviendo para cubrir
1 pimiento rojo sin semillas y picado
100 g de pasas
100 g de orejones de albaricoque
    (albaricoques secos) picados
$^1/_2$ pepino sin semillas y en dados
60 g de piñones tostados
60 g de almendras blanqueadas
    y ligeramente tostadas
12 aceitunas negras sin hueso
4 cdas. de aceite de oliva suave
jugo de $^1/_2$ limón
1 cda. de menta picada
sal y pimienta negra recién molida

PREPARACIÓN

1 Ponga el cuscús en un bol y vierta suficiente agua hirviendo para cubrirlo algo más de 2,5 cm. Déjelo en reposo 15 min o hasta que haya absorbido toda el agua. Luego presione ligeramente los granos con un tenedor.

2 Añada el pimiento, las pasas, los orejones, el pepino, los piñones, las almendras y las aceitunas. Revuelva.

3 Bata el aceite con el jugo de limón y la menta. Salpimiente al gusto, agréguelo al cuscús y revuelva. Sírvalo enseguida mientras está caliente o deje enfriar.

Para 4

Prep. 15 min,
más reposo

Trigo bulgur al tomate con alcaparras y aceitunas

Este plato aporta un toque mediterráneo al trigo *bulgur* de Oriente Medio

INGREDIENTES

350 g de trigo *bulgur**
sal y pimienta negra recién molida
150–300 ml de jugo de tomate
3 cdtas. de alcaparras en vinagre, escurridas
12 aceitunas negras, sin hueso y en mitades
12 aceitunas verdes, sin hueso y en mitades

PREPARACIÓN

1 Ponga el trigo *bulgur* en un bol grande y cúbralo solo con el agua hirviendo necesaria para cubrirlo (unos 300 ml). Déjelo reposar unos 15 min.

2 Salpimiente generosamente y revuelva con un tenedor para soltar los granos. Añada el jugo de tomate, un poco cada vez, hasta que el *bulgur* lo haya absorbido todo (déjelo reposar unos minutos entre cada vertido; el *bulgur* absorberá una buena cantidad de líquido).

3 Agregue las alcaparras y las aceitunas, y corrija de sal si es necesario. Sírvalo con una ensalada verde y pan de pita caliente.

---

*   Use trigo clásico como alternativa al trigo *bulgur*.

Para 4

prep. 15 min,
más reposo
• cocinar 15 min

Timbales de arroz

El arroz ligeramente especiado puede colocarse en moldes para conseguir una vistosa presentación

INGREDIENTES

2 cdas. de aceite de oliva
½ pimiento rojo sin semillas y muy troceado
2 cebollas chalote bien picadas
2 cdtas. de cilantro molido
1 cdta. de comino molido
1 cdta. de semillas de ajonjolí
½ cdta. de orégano seco
300 g de arroz de grano largo
600 ml de caldo de pollo caliente
4 cdas. de aceite de oliva para servir
ralladura y jugo de 1 limón para servir
2 cdas. de perejil picado para servir

PREPARACIÓN

1 Caliente aceite en una olla, añada el pimiento y las cebollas, y fría 5 min. Agregue el cilantro, el comino, el ajonjolí y el orégano, y fría 2 min. Eche el arroz, revuelva, vierta el caldo y llévelo a ebullición. Déjelo hervir 10–12 min o hasta que el arroz esté blando y el caldo se haya consumido.

2 Mientras tanto, caliente el aceite de oliva y jugo y la ralladura de limón en una olla hasta que hierva. Añada el perejil y mantenga caliente.

3 Engrase ligeramente los moldes. Ponga el arroz en los moldes y presione con firmeza, ayudándose de una cuchara. Vuelque los moldes en el plato y rocíe con un chorrito de jugo de limón. Sirva enseguida.

Para 4

Prep. 20 min
• cocinar 20 min

4 moldes
individuales

Bolas de sémola

Estas bolitas de masa son una popular guarnición en las sopas de Bavaria, al sur de Alemania

INGREDIENTES

15 g de mantequilla
150 ml de leche
una pizca de nuez moscada molida
60 g de sémola
1 huevo
sal y pimienta negra recién molida
sopa de pollo o de carne para servir

PREPARACIÓN

1 Ponga la mantequilla, la leche y la nuez moscada en una olla, y lleve a ebullición. Retire del fuego, agregue la sémola y revuelva hasta que se forme una masa blanda y suave.

2 Agregue el huevo, bata y salpimiente al gusto. Si hace falta, añada un poco más de sémola o de leche para que la masa no pierda consistencia y sea lo bastante suave y firme para conservar la forma.

3 Forme bolitas de masa ayudándose con dos cucharas, deles forma y échelas en una olla grande de sopa caliente. Hiérvalas a fuego lento 10 min o hasta que se cocinen. Sirva la sopa en boles repartiendo las bolitas uniformemente.

Para 4

Prep. 20 min
• cocinar 25 min

Orzo especiado con espinacas

Esta pasta de forma parecida al arroz es una guarnición perfecta para platos mediterráneos

INGREDIENTES

200 g de *orzo*
1½ cdas. de aceite de oliva
1 cebolla blanca bien picada
2 dientes de ajo bien picados
1 cdta. de cilantro molido
½ cdta. de comino molido
una pizca de pimienta de Cayena
150 g de hojas de espinacas pequeñas
4 cdas. de cilantro o perejil picado
sal y pimienta negra recién molida

PREPARACIÓN

1 Ponga a hervir agua con sal en una olla grande. Luego, añada el *orzo* y cocínelo 15 min o el tiempo que se indique en el paquete.

2 Mientras tanto, caliente el aceite de oliva en una olla grande. Añada la cebolla y sofría a fuego medio 3 min o hasta que esté blanda pero no dorada. Agregue el ajo, el cilantro, el comino y la pimienta de Cayena, y siga friendo 1 min más.

3 Agregue las espinacas lavadas y todavía húmedas a la olla. Rehóguelas durante 3 min o hasta que se ablanden.

4 Escurra bien el *orzo*, incorpórelo a la olla con las espinacas y mezcle los ingredientes con 2 cucharas o tenedores grandes de cocina. Añada cilantro y salpimiente al gusto. Páselo a una bandeja y sirva.

Para 4–6

Prep. 5 min
• cocinar 25 min

Ensalada de lentejas, habas y feta

Una ensalada saludable y sustanciosa para aplacar cualquier ataque de hambre

INGREDIENTES

85 g de habas congeladas
400 g de lentejas cocidas, escurridas y lavadas
sal y pimienta negra recién molida
1 manojo de cebollas largas, bien picadas
1 ají verde fresco, sin semillas y bien picado
175 g de queso feta en dados
1 manojo de perejil, muy picado

Para la salsa

3 cdas. de aceite de oliva
1 cda. de vinagre de vino blanco
1 trozo de jengibre de 2,5 cm, pelado y rallado
1 pizca de azúcar pulverizada (opcional)

PREPARACIÓN

1 Deje las habas en agua hirviendo 5 min. Escúrralas.

2 Ponga las lentejas en un bol y salpimiente. Añada la cebolla, el ají y las habas escurridas. Mezcle bien.

3 Para hacer la salsa, ponga el aceite, el vinagre y el jengibre en un bol. Salpimiente, añada una pizca de azúcar si lo desea y bata con un batidor de varillas. Rocíe con esta salsa la ensalada y deje reposar 10 min para que se desarrollen los sabores. En el momento de servir, mezcle con el queso feta y el perejil.

Para 4

Prep. 15 min

Trigo bulgur con pimientos, menta y queso de cabra

Los pimientos, dulces y crujientes, y un queso de cabra cremoso forman una combinación ganadora

INGREDIENTES

250 g de trigo *bulgur** fino
300 ml de caldo de vegetales ligero o bajo en sal
   de buena calidad, caliente
sal y pimienta negra recién molida
1 manojo de cebollas largas bien picadas
1 pimiento naranja, sin semillas y en dados
1 pimiento amarillo, sin semillas y en dados
1 pizca de páprika dulce
1 manojo de hojas de menta fresca, muy picadas
jugo de 1 limón
125 g de queso de cabra tierno, desmenuzado
aceite de oliva extra virgen

PREPARACIÓN

1 Ponga el trigo *bulgur* en un bol grande y cúbralo con el caldo, no más cantidad del necesario para cubrirlo. Déjelo reposar 10 min y luego revuelva con un tenedor para soltar los granos. Salpimiente bien.

2 Añada la cebolla larga, los pimientos naranja y amarillo, la páprika, la menta y el jugo de limón; mézclelo todo bien. Pruébelo y corrija de sal si es necesario. Para servir, disponga encima el queso de cabra y rocíe con el aceite de oliva.

---

*   Use trigo clásico como alternativa al trigo *bulgur*.

Para 4

Prep. 15 min

Lentejas con alcachofas y pimientos

Jugosa, crujiente, sabrosa y dulce: esta sustanciosa ensalada lo tiene todo

INGREDIENTES

400 g de lentejas de Puy* cocidas,
   escurridas y lavadas
400 g de corazones de alcachofa en conserva,
   escurridas y troceadas
4 ó 5 pimientos asados
1–2 ramas de tomillo, solo las hojas
1 manojo de perejil, muy picado
4 cebollas largas, bien picadas
2–3 cdas. de aceite de nuez
1 cda. de vinagre de sidra
sal y pimienta negra recién molida
4 ó 5 lonjas troceadas de jamón serrano
1 puñado de rúgula silvestre

PREPARACIÓN

1 Ponga las lentejas, las alcachofas, los pimientos, las hierbas y las cebollas en un bol grande. Rocíelos con el aceite y el vinagre, salpimiente y mézclelo todo bien.

2 Añada el jamón serrano y la rúgula, revuelva suavemente y páselo a una bandeja para servirlo.

---

* Use lentejas clásicas como alternativa a las lentejas Puy.

Para 4

Prep. 15 min

Pilaf con chorizo, tocineta y arándano rojo

Este pilaf básico se transforma en plato sustancioso con el añadido del chorizo y la tocineta

INGREDIENTES

1 cda. de aceite de oliva
1 nuez de mantequilla
1 cebolla muy picada
2 dientes de ajo machacados o muy picados
3 tallos de apio bien picados
125 g de chorizo en rodajas
125 g de tocineta en dados
350 g de arroz *basmati*
600 ml de caldo de verduras caliente
25 g de arándanos rojos deshidratados
1 manojo de perejil bien picado
sal y pimienta negra recién molida

PREPARACIÓN

1 En una sartén antiadherente grande, caliente el aceite e incorpore la mantequilla; cocínela a fuego suave. Añada la cebolla y sofríala unos 5 min, hasta que esté tierna y transparente. Agregue el ajo y el apio, y cocínelos unos segundos más. Incorpore el chorizo y la tocineta y déjelos al fuego otros 5 min. Añada el arroz y revuelva bien.

2 Vierta la mitad del caldo y lleve a ebullición. A continuación, agregue el caldo restante, baje un poco el fuego y deje a fuego suave unos 15 min. Añada los arándanos rojos y mezcle.

3 Deje que se siga cocinando hasta que se haya absorbido el líquido y el arroz esté listo, añadiendo más caldo si es preciso. Pruebe y salpimiente si hace falta. Agregue el perejil picado y sirva.

Para 4

Prep. 10 min
• cocinar 25 min

Pilaf de tomate y estragón

Este plato vegetariano sirve para una deliciosa comida de verano

INGREDIENTES

1 cda. de aceite de oliva
1 nuez de mantequilla
1 cebolla blanca bien picada
sal y pimienta negra recién molida
2 dientes de ajo machacados o bien picados
250 g de arroz vaporizado
900 ml de caldo de vegetales caliente
450 g de tomate, en cuartos
2 o 3 tallos de estragón, retiradas y rotas las hojas

PREPARACIÓN

1 Caliente el aceite y la mantequilla en una sartén grande a fuego suave. Añada la cebolla y una pizca de sal, y cocínela a fuego suave unos 5 min, hasta que esté tierna y transparente. Agregue el ajo y el arroz; asegúrese de que el arroz queda bien recubierto y empapado de la mantequilla.

2 Vierta el caldo caliente y revuelva de nuevo. Déjelo a fuego moderado hasta que el arroz esté hecho y se haya absorbido todo el caldo. Agregue un poco más de agua caliente si el pilaf se empieza a secar.

3 Salpimiente bien. A continuación incorpore los tomates y el estragón mezclando bien. Sírvalo caliente con una ensalada verde.

Para 4

Prep. 10 min
• cocinar 25 min

Risotto de arvejas y menta

El dulce de las arvejas, la fragancia de la menta y la acidez del parmesano hacen de este un *risotto* muy especial

INGREDIENTES

1,2 litros de caldo de vegetales ligero

1 cda. de aceite de oliva

1 nuez de mantequilla

1 cebolla blanca, bien picada

sal y pimienta negra recién molida

350 g de arroz para *risotto*, como el arbóreo

1 vaso grande de vino blanco seco

150 g de arvejas frescas o congeladas (si son congeladas,
   póngalas en agua hirviendo 3 min y escúrralas)

50 g de queso parmesano recién rallado

1 manojo de hojas de menta

1 manojo de hojas de albahaca

PREPARACIÓN

1 Vierta el caldo en una cacerola grande y caliéntelo hasta que dé un hervor ligero.

2 Caliente el aceite y la mantequilla en una sartén antiadherente grande a fuego suave. Cocine la cebolla con una pizca de sal unos 5 min, hasta que esté tierna y transparente. Añada a continuación el arroz; asegúrese de que queda bien recubierto. Suba el fuego entre moderado y fuerte, vierta el vino y deje hervir un par de minutos hasta que el alcohol se haya evaporado.

3 Baje un poco el fuego e incorpore el caldo hirviendo de cucharón en cucharón o de dos en dos, revolviendo a menudo con una cuchara de madera; cada vez que se absorba el caldo, añada más. Continúe el proceso unos 20 min, hasta que el arroz esté cocido, pero aún *al dente*. Utilice más o menos caldo según haga falta, pues cada *risotto* es distinto.

4 Incorpore las arvejas, el parmesano, la menta y la albahaca, y mézclelo todo. Sazone con sal y pimienta negra, y sírvalo caliente.

Para 4

Prep. 10 min
• cocinar 25 min

Risotto de calabaza, salvia y queso azul

El asado ayuda a acentuar el sabor dulce de la calabaza

INGREDIENTES

1 calabaza partida por la mitad, sin semillas,
   pelada y en trozos pequeños
1 pizca de ají seco en hojuelas
2 cdas. de aceite de oliva
1,2 litros de caldo de vegetales ligero
1 nuez de mantequilla
1 cebolla blanca bien picada
sal y pimienta negra recién molida
2 dientes de ajo, machacado o bien picado
4 hojas de salvia fresca (opcional)
350 g de arroz para *risotto*, como el arbóreo
1 vaso grande de vino blanco seco
75 g de *gorgonzola* u otro queso azul similar

PREPARACIÓN

1 Precaliente el horno a 200 °C (gas 6). Ponga la calabaza en una lata de horno, espolvoree el ají por encima y rocíe con 1 cda. de aceite. Mézclelo con las manos. Ásela en el horno unos 15 min, hasta que esté dorada y empiece a estar tierna.

2 Mientras tanto, vierta el caldo en una cacerola grande y caliéntelo hasta que dé un hervor ligero. Caliente el aceite restante y una nuez de mantequilla en una sartén antiadherente grande a fuego suave. Añada la cebolla con una pizca de sal y cocínela 5 min, hasta que esté tierna y transparente. Incorpore el ajo y la salvia (si la usa), y cocine unos segundos más.

3 Incorpore el arroz; asegúrese de que los granos quedan bien cubiertos. Suba el fuego a moderado-fuerte, añada el vino, y deje hervir un par de minutos hasta que el alcohol se haya evaporado.

4 Baje un poco el fuego y vierta el caldo hirviendo de cucharón en cucharón, revolviendo a menudo con una cuchara de madera; cada vez que se absorba el caldo, añada más. Continúe el proceso unos 20 min, hasta que el arroz esté cocido pero aún *al dente*. Use más o menos caldo según haga falta. Incorpore la calabaza asada y el queso *gorgonzola*, sazone con pimienta negra, y sirva caliente.

Para 4

Prep. 15 min
• cocinar 30 min

Berenjenas rellenas de arroz al tomate

Rellenar verduras de arroz es una gran manera de convertirlas en plato principal

INGREDIENTES

4 berenjenas, cortadas por la mitad a lo largo
1 cda. de aceite de oliva, más otro poco para pintar
200 g de arroz de grano largo, lavado
300 ml de jugo de tomate
1 cdta. de azúcar
sal y pimienta negra recién molida
1 cebolla blanca muy picada
1 manojo de eneldo fresco muy picado

PREPARACIÓN

1 Precaliente el horno a 200 °C (gas 6). Extraiga la carne de las berenjenas, córtela en dados y resérvela. Ponga las berenjenas vacías en una lata de horno y píntelas con un poco de aceite. Cúbralas con papel de aluminio y áselas en el horno 10–15 min mientras se hace el arroz.

2 Ponga el arroz en una cacerola y cúbralo con agua. Cocínelo durante 10–15 min, o según las instrucciones del paquete, hasta que esté listo. Escúrralo si es necesario y rocíelo con el jugo de tomate. Añada el azúcar y salpimiente. Revuelva hasta que se absorba el jugo de tomate.

3 Caliente 1 cda. del aceite en una sartén grande a fuego suave. Añada la cebolla, el eneldo y una pizca de sal. Cocínelos hasta que la cebolla esté tierna y transparente, y luego agregue la carne de la berenjena; siga cocinando otros 5 min. Sazone con pimienta negra, añada la mezcla de arroz y tomate, y revuelva hasta que quede bien mezclado.

4 Saque las berenjenas vacías del horno y rellénelas con cuidado. Rocíelas con el aceite de oliva restante y devuélvalas al horno otros 5 min. Sírvalas calientes con una ensalada verde.

Para 4

Prep. 10 min
• cocinar 30 min

Bolas de lentejas fritas con ají y comino

Las lentejas molidas quedan deliciosas fritas, y con las de esta receta
verá que es muy difícil no repetir

INGREDIENTES

125 g de lentejas rojas secas, limpias y lavadas
sal y pimienta negra recién molida
1 cebolla blanca picada
2,5 cm de jengibre fresco picado
1 pizca de comino molido
1 pizca de ají seco en hojuelas
2 cdas. de harina, y un poco más para enharinar
2 cdas. de aceite vegetal o de girasol para freír
120 ml de yogur griego para acompañar
2 cdtas. de salsa de menta para acompañar

PREPARACIÓN

1 Ponga las lentejas en una cacerola. Vierta 450 ml de agua y una pizca de sal. Cocínelas a fuego
suave 10–15 min, hasta que estén blandas pero no deshechas. Escúrralas en un colador.

2 Pique la cebolla y el jengibre con una licuadora o un procesador de alimentos. Incorpore las
lentejas cocidas, el comino y el ají, y salpimiente. Bata un poco más hasta lograr una masa
homogénea. Añada la harina y siga batiendo.

3 Ponga un poco de harina en un plato. Saque una cucharada de la mezcla de lentejas y, con
las manos enharinadas, forme una bola y enharínela con cuidado por todas partes. Repita esta
operación hasta que termine con toda la mezcla.

4 Caliente suficiente aceite vegetal para cubrir la mitad de las bolas de lentejas a freír, en una
sartén antiadherente grande y a fuego moderado. Vaya friéndolas con cuidado, pocas cada vez si
la sartén no es lo bastante grande. Fríalas 1–2 min por cada lado hasta que estén doradas. Retírelas
de la sartén con una espumadera y colóquelas sobre papel de cocina. Para servir, mezcle el yogur
y la salsa de menta en un bol pequeño, y acompañe la fritura caliente con una ensalada verde.

Para 2

**Prep. 15 min
• cocinar 20 min**

**Licuadora o
procesador**

Polenta frita con salsa de tomate

Los ingredientes ya preparados ayudan a lograr un plato de estilo italiano fácil y rápido

INGREDIENTES

3–4 cdas. de aceite de oliva

1 cebolla blanca bien picada

sal y pimienta negra recién molida

1 cdta. de orégano seco

1 cdta. de ají seco en hojuelas

1 lata de 400 g de tomates pera cortados

1 paquete de 500 g de polenta ya preparada,
    cortada en tiras de 5 mm

PREPARACIÓN

1 Caliente 1 cda. de aceite de oliva a fuego suave en una sartén antiadherente grande y de borde alto. Añada la cebolla y una pizca de sal, y cocínela despacio unos 5 min, hasta que esté tierna.

2 Incorpore el orégano y el ají, y luego los tomates con su líquido. Déjelos que hiervan suavemente unos 20 min. Salpimiente.

3 Mientras tanto, caliente una cda. de aceite en una sartén antiadherente grande a fuego fuerte. Por tandas, fría las tiras de polenta unos 5 min por cada lado hasta que estén crujientes y doradas. Retírelas de la sartén con una espumadera, déjelas sobre papel de cocina y manténgalas calientes. Repita esta operación con el resto de la polenta.

4 Para servir, reparta la polenta en dos fuentes y cúbralas con la salsa de tomate picante. Sírvalas con hojas de rúgula fresca.

Para 2

Prep. 10 min
• cocinar 25 min

Guiso de cebada perlada y frijoles borlotti

Un plato cálido y reconfortante para un día de invierno

INGREDIENTES

1 cda. de aceite de oliva
1 cebolla blanca bien picada
1 vaso pequeño de vino tinto
175 g de cebada perlada
1 lata de 400 g de frijoles *borlotti**,
   escurridos y lavados
1 lata de 400 g de tomates pera troceados
1,2 litros de caldo de vegetales caliente
sal y pimienta negra recién molida
aceite aromatizado de ají, para servir (opcional)

PREPARACIÓN

1 Caliente el aceite en una cacerola grande a fuego suave. Sofría la cebolla con una pizca de sal durante 5 min, hasta que esté tierna y transparente. Suba el fuego, añada el vino y siga cocinando otros 5 min.

2 Baje de nuevo el fuego, agregue la cebada perlada y revuelva bien hasta que haya absorbido el líquido. Incorpore los frijoles *borlotti*, los tomates y el caldo caliente. Lleve de nuevo a ebullición y deje que hierva otros 5 min.

3 Baje de nuevo el fuego, salpimiente y mantenga con un hervor suave 25–40 min, hasta que la cebada perlada esté cocida y se haya absorbido todo el caldo. Si se empezara a secar, vierta un poco de agua caliente.

4 Rocíe con un poco de aceite aromatizado (si lo desea), y sirva caliente, como plato único o acompañado de un buen pan crujiente.

---

* Use frijoles blancos o rosados como alternativa a los frijoles *borlotti*.

Para 4

Prep. 10 min
• cocinar 1 h

Congelar hasta
tres meses

Arroz salvaje con tomates secados al sol y marañones

Este llamativo arroz integral negro se encuentra en Norteamérica y Asia; si no se consigue, se puede sustituir por arroz de grano largo

INGREDIENTES

50 g de tomates secados al sol (unos 12)
1 cda. de aceite de oliva
1 cebolla blanca bien picada
sal y pimienta negra recién molida
1 paquete de 350 g de arroz salvaje de grano largo
1 cdta. de cúrcuma molida
1,2 litros de caldo de vegetales caliente
125 g de marañones

PREPARACIÓN

1 Ponga los tomates secados al sol en un bol. Cúbralos con agua caliente y déjelos en remojo unos 15 min. Escúrralos, trocéelos y resérvelos.

2 Mientras tanto, caliente el aceite a fuego suave en una cacerola ancha de fondo grueso. Sofría la cebolla con una pizca de sal 5 min, hasta que esté tierna y transparente. Añada el arroz y la cúrcuma hasta que los granos queden bien recubiertos y todo bien mezclado.

3 Vierta el caldo y suba un poco el fuego. Sazone con más sal y algo de pimienta negra. Cocine unos 5 min, dejando que la mezcla llegue a ebullición, y revuelva. Baje un poco el fuego y deje con un hervor suave 20–30 min, hasta que se haya absorbido todo el caldo y el arroz esté listo. Si el arroz se seca demasiado, añada un poco más de caldo de vegetales caliente o agua caliente.

4 Incorpore los tomates cortados y tueste los marañones en una sartén sin aceite a fuego suave unos 5 min, hasta que se doren ligeramente. Incorpore al arroz y revuelva. Pruebe y corrija de sal si es necesario. Sirva caliente.

Para 4–6

**prep. 10 min, más remojo
• cocinar 30 min**

Solomillo de cerdo asado con cebollas y lentejas

Las cocciones lentas con abundante caldo dan carnes maravillosamente tiernas

INGREDIENTES

4 cebollas blancas, peladas y cortadas en gajos
4 dientes de ajo machacados o muy picados
225 g de lentejas de Puy*, lavadas y sin piedras
500 ml de sidra seca
1 manojo de perejil muy picado
sal y pimienta negra recién molida
450 g de solomillo de cerdo
aceite aromatizado de ají (opcional)

PREPARACIÓN

1 Precaliente el horno a 180 °C (gas 4). Ponga las cebollas y el ajo en una bandeja de horno mediana, con las lentejas y la mitad de la sidra. Añada el perejil y sazone bien con sal y pimienta negra.

2 Practique cuatro cortes diagonales en la carne y colóquela encima de las lentejas. Rocíe con aceite aromatizado (si lo usa) e introdúzcalo en el horno. Pasada una hora, complete con la sidra restante y deje la carne otra hora en el horno. Si la carne se dorara demasiado, cúbrala con papel de aluminio. Si las lentejas empiezan a parecer secas, añada un poco de agua caliente.

3 Retire la carne de la bandeja y manténgala al calor mientras reposa unos 15 min. Córtela en rodajas y sírvala con las lentejas.

---

*   Use lentejas clásicas como alternativa a las lentejas Puy.

Para 4

Prep. 15 min, más reposo • cocinar 2 h

GLOSARIO
TÉRMINOS Y EQUIVALENCIAS

Ají: chile.

Ajonjolí: sésamo.

Albaricoque: damasco, chabacano, albérchigo.

Arroz arbóreo: arroz italiano de grano medio, redondo y blanquecino. Es uno de los tipos de arroz utilizado para el *risotto*, la paella y los arroces peruanos.

Arroz *basmati*: arroz de grano muy grande, procedente de Asia. Su sabor es suave y perfumado y no se pega. Se consigue en algunos supermercados y en almacenes especializados.

Arveja: alverja, chícharo, guisante.

Azúcar pulverizada: azúcar impalpable, azúcar en polvo, azúcar extrafina, azúcar flor, azúcar *glass*.

Calabacín: zucchini, calabacita.

Calabaza: ahuyama, zapallo.

Cebolla blanca: cebolla dulce, cebolla cabezona, cebolla perla.

Cebolla chalote: escalonia, cebolla ocañera, chalota, cebolla paiteña.

Cebolla larga: cebolleta, cebolla puerro, cebolla verde, cebolla de verdeo.

Frijol: fríjol, caraota, poroto.

Frijol *borlotti*: frijoles pintos muy usados en la cocina italiana, sea frescos o secos.

Frijol *aduki*: frijol pequeño, rojo y dulce proveniente de Asia Oriental y el Himalaya.

Harissa: salsa picante del norte de África, que se prepara mezclando 100 g de ajíes secos picados y sin semillas, 2 dientes de ajo pelados, 1/2 cdta. de sal, 1/2 cdta. de semilla de comino molida, 1 cdta. de semilla de alcaravea molida y aceite de oliva. Se bate todo en el procesador de alimentos y se guarda en un frasco con aceite oliva, por 3 a 4 semanas.

Maní: cacahuate.

Marañón: castaña de cajú, cajuil, anacardo.

Orzo: especie de pasta de sémola de trigo duro que se parece al arroz por su tamaño y forma.

Porcini: tipo de hongo. Boletus.

Rúgula: rúcula, arúgula.

Salsa inglesa: salsa Worcestershire.

Sémola: harina poco molida y gruesa que procede del trigo o de otros cereales.

Tocineta: panceta, tocino.

Tomate: jitomate.

Yogur griego: yogur espeso con alto contenido en grasa.

ÍNDICE

Londres, Nueva York, Melbourne,
Munich y Nueva Delhi

Diseño Elma Aquino

Auxiliar de edición Shashwati Tia Sarkar

Diseño de cubierta Nicola Powling

Producción Jennifer Murray

Índice analítico Marie Lorimer

DK INDIA

Consultoría editorial Dipali Singh

Diseño Neha Ahuja

Diseño de maqueta Tarun Sharma

Coordinación de maquetación Sunil Sharma

Coordinación de publicaciones Aparna Sharma

Material publicado originalmente en Reino Unido
en *The Cooking Book* (2008) y en *Cook Express* (2009)
por Dorling Kindersley Limited
80 Strand, Londres WC2R 0RL

Copyright © 2008, 2009 Dorling Kindersley
© Traducción en español Dorling Kindersley 2011

ISBN: 978-0-1424-2488-9

Impreso y encuadernado en South China Printing Co. Ltd, China

Descubre más en
www.dk-es.com